DIVIÉRTETE HACIENDO TÍTERES

Diviértete haciendo títeres

Autora: Roser Piñol
           Profesora de plástica

Dirección editorial: Mª Fernanda Canal
Dirección de producción: Rafael Marfil
Fotografía: Nos y Soto
Diseño gráfico: Rosa M.ª Moreno

Décima edición: abril 2000
© Parramón Ediciones, S.A. - 1992

Editado y distribuido por Parramón Ediciones, S.A.
Gran Via de les Corts Catalanes, 322-324
08004 Barcelona

ISBN: 84-342-1461-X
Depósito legal: B-8.151-2000
Impreso en España

MANUALIDADES DIVERTIDAS

DIVIÉRTETE
HACIENDO TÍTERES

Ⓔ Parramón

Dos gatitos

1. Necesitas cartulinas, fieltro y dos pajitas de refresco.

2. Recorta dos cartulinas y empieza la cara.

3. Pega la cara a la pajita de refresco.

4. Dibuja y recorta los ojos, los bigotes...

5. Haz lo mismo con la otra cartulina... y tendrás dos simpáticos gatitos, muy fáciles de hacer.

La bailarina

1. Dibuja la bailarina en una cartulina.

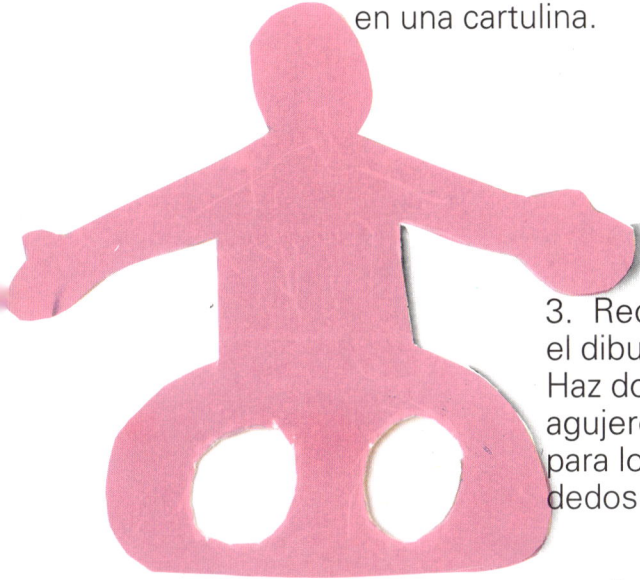

2. Dibuja, recorta y decora la cara.

3. Recorta el dibujo. Haz dos agujeros para los dedos.

4. Pega el jersey, el lazo y la falda.

5. Mete los dedos por los agujeros.

6. ¿A que parece una auténtica bailarina?

Con los dedos

1. Dibuja la bata del muñeco y la blusa de la muñeca.

2. Recorta el dibujo de la bata y pega la tela.

3. Dale la vuelta, poniendo lo de dentro fuera.

4. Debe quedar así.

9. Mete dos dedos bajo los vestidos, hasta que las puntas entren en la plastilina.

5. Haz las cabezas de los muñecos con bolas de plastilina y decora las caras.

6. Haz un hueco para que te entre un dedo.

7. Haz los brazos y el resto de la ropa con fieltro.

8. Haz el pelo con plastilina.

Con una cuchara

1. Éstas son las cartulinas que necesitas.

2. Dibuja el vestido, el gorro, el lazo, las manos, los zapatos y los topos del vestido. Luego recórtalos.

3. Con la cuchara harás la cara.

4. Pega todo lo que has recortado en la cartulina y tendrás el cuerpo del payaso.

7. El pelo es de papel pinocho.

5. Recorta con fieltro los ojos, los coloretes de las mejillas y la boca.

6. Haz la nariz con papel pinocho.

8. Ya tienes un títere para jugar ¡hecho con una cuchara!

Haz una mariposa

1. Enrolla un papel del color que más te guste.

2. Ponle dos tiras de cinta adhesiva.

4. Sujeta la
cinta adhesiva
detrás de
la mariposa.

3. Dibuja una
mariposa en
una cartulina
y recórtala.

5. Pinta la
mariposa con los
colores que
prefieras.

Con un pañuelo

1. Pon una bola de algodón en el centro de un pañuelo.

2. Introduce un palo y ata la cabeza.

3. Rellena el resto del pañuelo con algodón y ata las manos.

4. Corta la tela de la falda con forma redonda.

5. Pega la tela de la falda al extremo del pañuelo y del palo.

6. Pinta la cara con rotuladores.

7. Acaba la falda con una tira de fieltro.

8. Termina tu muñeca con el pelo, el pañuelo de la cabeza, los botones...

Un mago

1. Enrolla un papel en forma de cucurucho.

2. Con los otros colores haz la cara, las manos, el lazo…

4. Pega el gorro al cuerpo.

5. Haz dos agujeros para los brazos.

3. El gorro se recorta de esta forma y luego se enrolla también como un cucurucho.

6. Enrolla así una tira de papel. Córtala en un extremo y separa dos partes para los brazos.

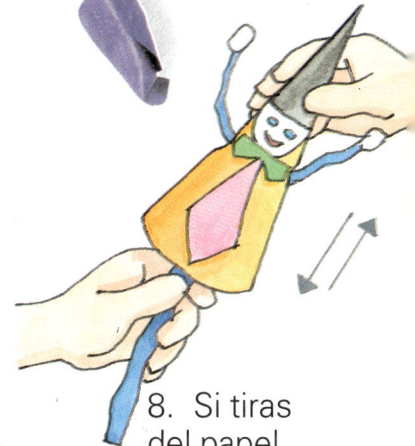

7. Introduce el papel enrollado por la parte inferior; pasa los brazos por los agujeros.

8. Si tiras del papel enrollado, tu muñeco se mueve.

Sol y luna

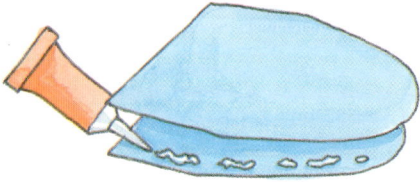

1. Dibuja la forma de una manopla en una tela; corta dos formas iguales. Pégalas por la orilla curvada.

2. En otras telas, dibuja el sol y la luna; recórtalos siguiendo el dibujo.

3. En fieltros de colores, dibuja
   y recorta los ojos, la boca…
   Pégalo todo en las caras.

4. Pega en la manopla
   por un lado el sol
   y por el otro
   la luna.

El cocodrilo saltarín

1. Corta dos tiras de cartulina. Hazlas más anchas de un lado que de otro. Son las tiras del cuerpo del cocodrilo.

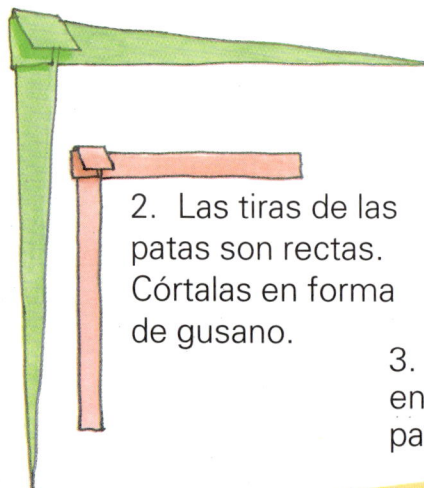

2. Las tiras de las patas son rectas. Córtalas en forma de gusano.

3. Pega los pies en las cuatro patas.

4. Así debes recortar los dientes.

5. Para hacer la marioneta necesitas un palo e hilos.

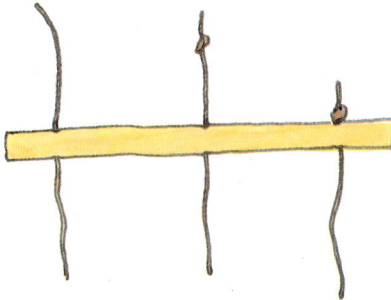

6. Pasa los hilos por el palo; haz un nudo en el extremo de cada hilo.

7. Pasa también los hilos por el gusano.

8. Tu feroz cocodrilo estará acabado cuando le hayas pegado las orejas, los ojos y la lengua.

Viste tus dedos

1. Busca dos guantes
viejos, algodón, lana
y telas de colores.

2. Corta los dedos
de un guante.

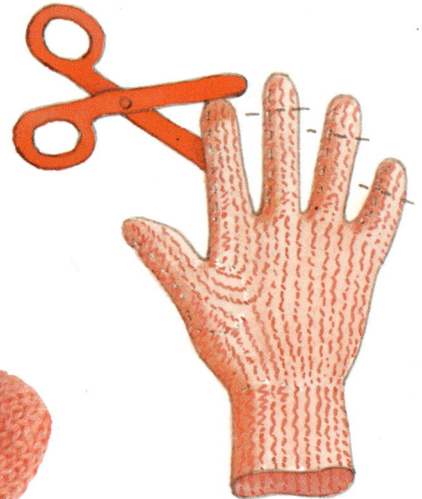

3. Rellena con algodón
los dedos.

4. Ata cada dedo para que el algodón no se salga.

5. Pégalos ahora al otro guante.

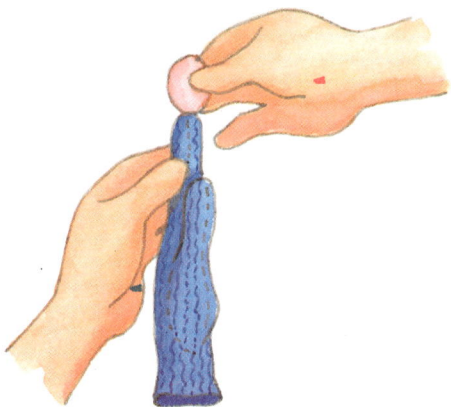

6. Decora los dedos a tu gusto.

7. ¡Tienes cuatro títeres que puedes mover con una mano!

¿Lo ves?, ¿no lo ves?

1. Dibuja el vestido en una cartulina.

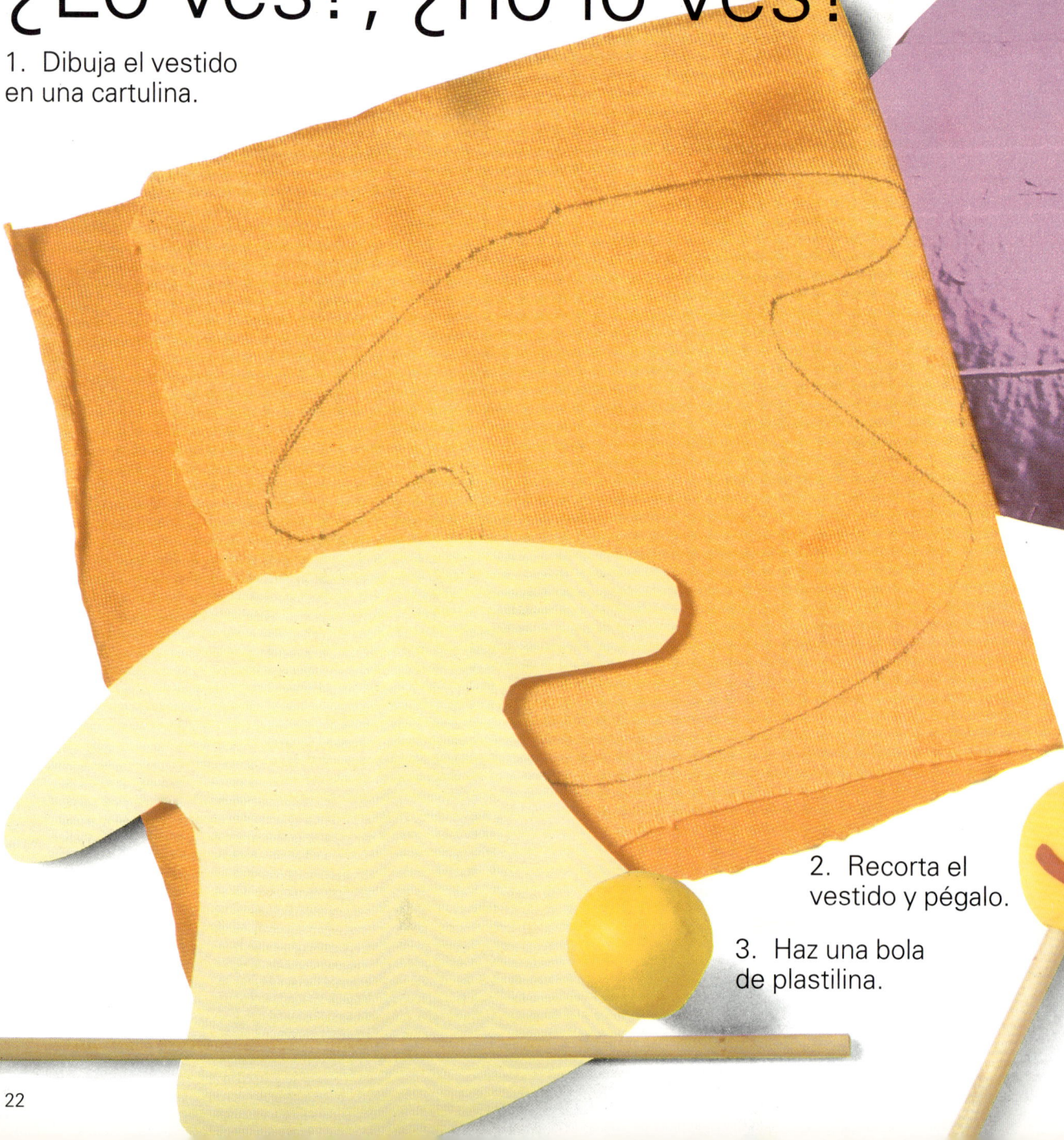

2. Recorta el vestido y pégalo.

3. Haz una bola de plastilina.

5. Dibuja esta forma en una cartulina; córtala y enróllala.

4. Pinta la cabeza de plastilina y ponle un gorro.

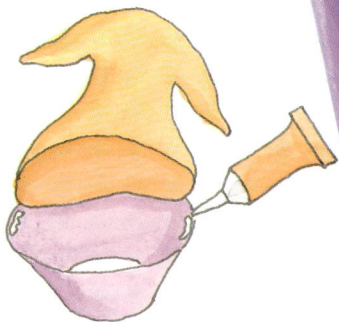

6. Pega el vestido en la parte más ancha del cucurucho.

7. Si tiras del palo hacia abajo, el títere se esconde.

Mueve el payaso

2. Haz las manos de cartulina y pasa así el hilo por la pajita de refresco.

1. Éste es el material que necesitas.

6. Haz un gusano, como ya sabes, con dos tiras de cartulina.

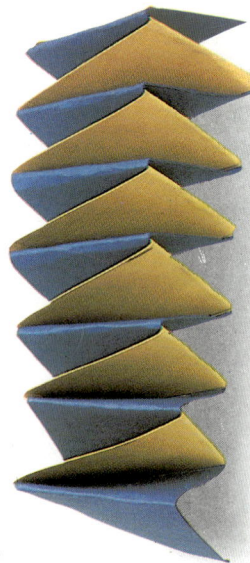

3. Enrolla así el gorro y después pega los extremos. Decóralo con estrellas.

4. Haz la cabeza arrugando papel de seda.

5. Decora la cara.

8. Ata tres hilos en el palo
y pégalos al gorro y a las
manos. Podrás hacer que el
payaso mueva los brazos.

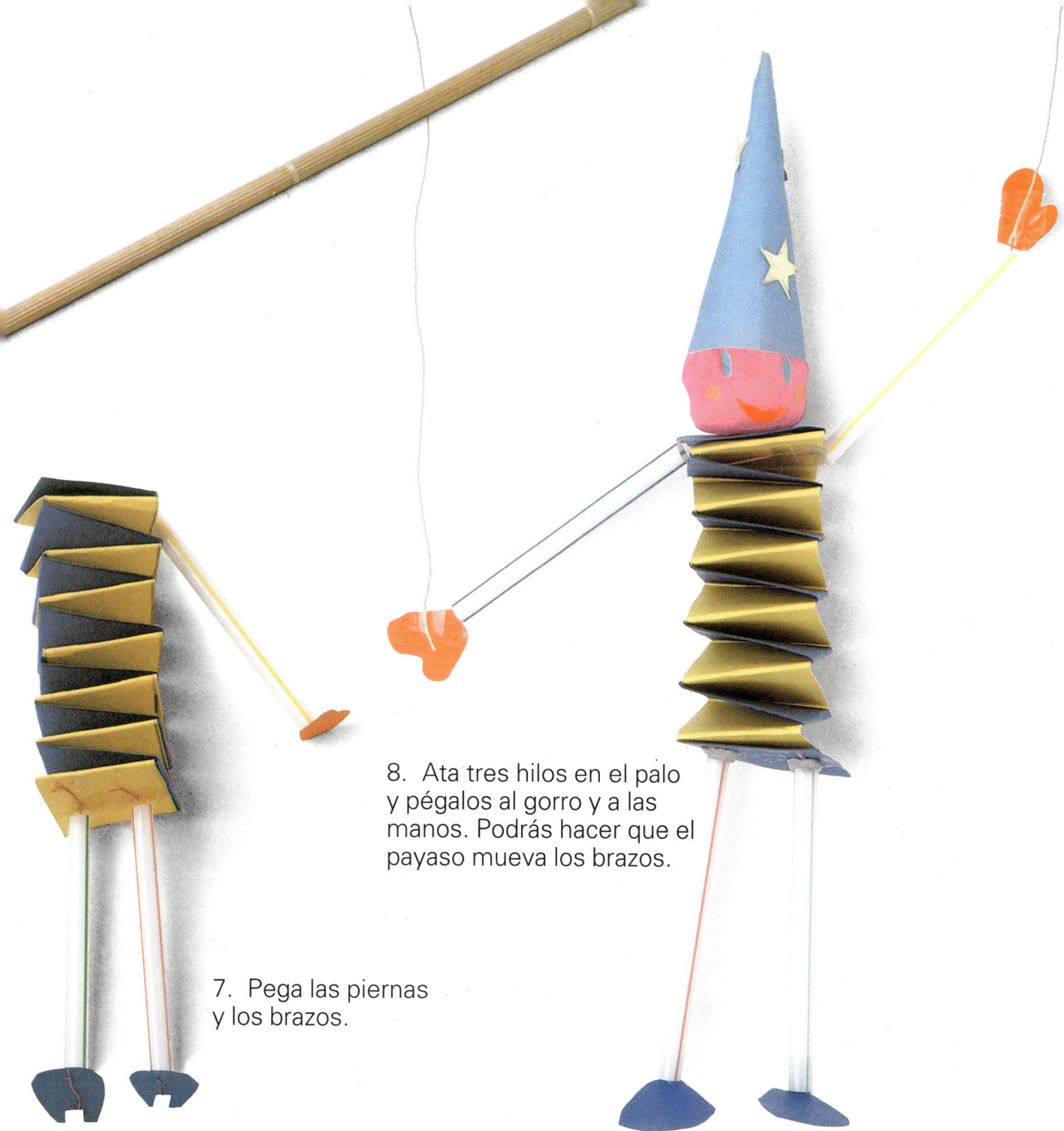

7. Pega las piernas
y los brazos.

Con barro

1. Haz las cabezas de Caperucita y el lobo con bolas de barro.

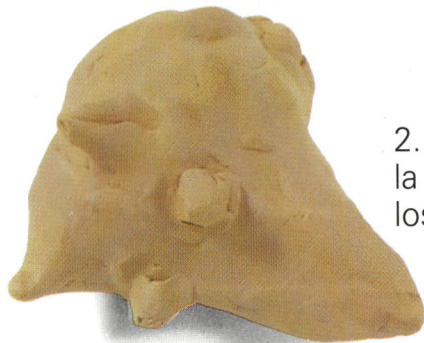

2. Modela la boca, los ojos…

3. Deja secar el barro. Luego pinta las cabezas con colores.

4. Introduce un palo en cada cabeza.

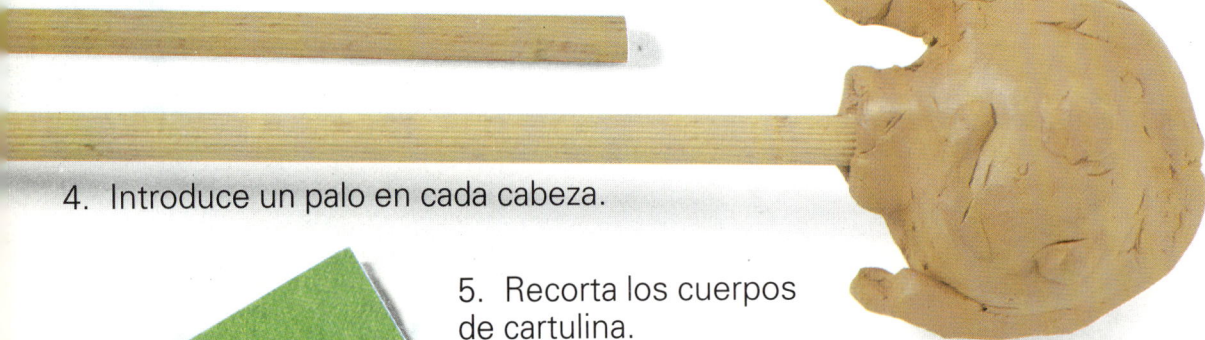

5. Recorta los cuerpos de cartulina.

6. Así se pega todo el muñeco.

7. Los vestidos se hacen pegando trozos de fieltro de colores.

8. ¡Ya puedes jugar con dos famosos personajes de cuento!

Con escayola

2. Moja las tiras en escayola.

1. Corta en tiras una venda como las que usan los médicos.

3. Hincha un globo del tamaño de la cabeza del muñeco. Ata el globo.

6. Modela la forma de los ojos, la boca…

4. Haz el cuello con un tubo de cartón.

5. Forra el globo hinchado y el cartón con las vendas.

7. Dibuja el vestido en una tela doblada. Luego lo cortas y lo pegas.

9. Decora tu títere de escayola.

Pinta la
...ra para
...ue quede
...vertida.

Los títeres de este libro